非凡成长系列

凯瑟琳·约翰逊

开拓太空边界

非凡成长系列

凯瑟琳·约翰逊

开拓太空边界

[英] 戴维卡·吉娜　著

[美] 马吉·科尔　绘

苏艳飞　译

凯瑟琳·约翰逊
是谁?

凯瑟琳 · 约翰逊

1918 年 8 月 26 日，凯瑟琳·约翰逊出生于美国西弗吉尼亚州的白硫磺泉镇。

凯瑟琳从小就出类拔萃，展现出惊人的天赋。她十岁就上了高中（比同龄人早了三年）；十八岁就大学毕业。那时很少有非洲裔美国人能获得高中文凭，而她不仅获得了高中文凭，还获得了大学学位。

1953 年，**凯瑟琳**去了兰利研究中心工作，这是我们今天熟悉的美国国家航空航天局（NASA）当年下设的一个部门，这个部门以美国著名天文学家、飞行器先驱兰利的名字命名，是美国著名的飞行器地面实验中心。凯瑟琳在这儿的工作就是解决复杂的数学难题。凯瑟琳在兰利研究中心表现出色，仅两周就被破格提拔，调入另外一个部门从事研究工作。也就是在这个新部门，她发现了飞机等飞行器在空中飞行的原理。

小贴士

美国国家航空航天局是美国政府的一个科研机构，负责制订、实施美国的太空计划，开展相关研究。美国于 1955 年对太空旅行产生了兴趣，当时美国正与苏联竞争，想成为第一个将人类送上太空的国家。

在美国同苏联的太空竞赛中，**凯瑟琳**为美国航空事业做出了卓越贡献。

小贴士

　　苏联：全称为苏维埃社会主义共和国联盟，于1922年建立，1991年解体。俄罗斯是苏联的第一批加盟国之一，也是最大的加盟国。美国和苏联都想成为第一个将人类送上太空的国家。

1961 年，宇航员**艾伦・谢泼德**成为第一个成功进入太空的美国人，这背后离不开凯瑟琳的辛苦计算。

凯瑟琳精确计算出宇航员**艾伦・谢泼德**所乘宇宙飞船的运行轨道，**艾伦・谢泼德**才得以成功进入太空并安全返回地球。

航天器轨道：指卫星、行星、航天器等运行的路径和方向。

即便后来美国国家航空航天局启用电子计算机来计算与太空任务有关的种种数学难题，凯瑟琳还是继续用手中的笔来计算。

凯瑟琳绝不是普通的数学天才，只不过此时她的光芒还没有被人看见而已。八年后，她光芒四射，声名远扬。1969 年，尼尔·阿姆斯特朗和巴兹·奥尔德林成为第一批登陆月球并在月球上行走的人类，而凯瑟琳就是让阿姆斯特朗和奥尔德林成功登月并平安归来的那个女性。

你知道吗？

"阿波罗"计划，又称"阿波罗"工程，是美国从 1961 年到 1972 年组织实施的第一批将人类送上月球的太空飞行计划。

"能成功实现'阿波罗'计划，

我感到非常自豪。"

　　凯瑟琳的一生硕果累累，获誉无数，取得了举世瞩目的成就。在她眼里，没有什么事情能成为她学习、工作和探索的障碍。

　　这个从小钟爱算术的女孩儿长大后成了把人类送上太空的女人。她的人生证明，只要我们足够努力，就能摘下自己的梦想之星。

凯瑟琳退休后同丈夫詹姆斯生活在美国弗吉尼亚州汉普顿市，2020 年 2 月 24 日，凯瑟琳·约翰逊逝世，享年一百零一岁。

　　在凯瑟琳生活和工作的年代，非洲裔美国人与白人相比，常常受到不公平的对待，这让她的一生面临无数障碍。若是换作寻常人，很可能早被这些困难吓得止步不前了。但凯瑟琳从不会被困难击倒，她破除万难，谱写了自己的传奇人生。

你知道吗？

凯瑟琳一百岁时仍坚持学习。

凯瑟琳的童年

1918 年 8 月 26 日，凯瑟琳出生于美国西弗吉尼亚州的一个小镇。她的妈妈乔丽特是一名教师，她的爸爸约书亚是一个农民，同时也是勤杂工和伐木工。

凯瑟琳有一个幸福快乐的童年。她家有四个孩子，凯瑟琳是最小的一个。她有两个哥哥，一个叫霍瑞斯，一个叫查尔斯，还有一个姐姐叫玛格丽特。凯瑟琳冰雪聪明，充满好奇心，总是抓住一切机会学习知识。她的爸爸约书亚对凯瑟琳寄予厚望，他总是鼓励凯瑟琳要对自己充满信心。爸爸在凯瑟琳心中是一个了不起的好榜样。

"爸爸总是对我说：

'你一定能

考上大学！'

可那时，我对大学还

一无所知！"

虽然凯瑟琳喜欢学习各种知识，但最能激发她想象力的是**数字**。她打小对数字就非常敏感，着迷于数学模型和逻辑。

任何地方，她都能发现数字，她会将任何可以数的东西都数一遍。她发现数字几乎渗入生活的方方面面。每当学到新知识，她都异常兴奋。

小贴士

数学模型：运用数理逻辑方法和数学语言建构的科学或工程模型，建立数学模型是为了解决各种各样的实际问题。

"通往大路的石板，

通往教堂的台阶，

洗过的盘子和碗……

凡是能够用数字记录的，

我都会数一遍。"

凯瑟琳求知若渴，她甚至偷偷跟着哥哥霍瑞斯去学校听课。面对凯瑟琳这个数学天赋极高的孩子，霍瑞斯的老师有意栽培，于是邀请凯瑟琳去上学校的暑假班。

"我总是和爱学习的人

在一起。

我也喜欢学习。"

凯瑟琳惊人的天赋和勤奋努力给老师留下了深刻印象。她接连跳级，十岁就上了高中，甚至成了哥哥姐姐的学姐。但是，凯瑟琳很谦虚，尽量不因此给他们造成压力，影响他们之间的关系。

为了让凯瑟琳上高中，全家不得不搬到190多千米外西弗吉尼亚州的一个叫学院镇的小镇。她的爸爸妈妈时刻准备倾其所有帮助聪明伶俐的小女儿将潜力发挥到极致。当然，凯瑟琳没有辜负父母的期望。

小贴士

西弗吉尼亚州：位于美国南部，别称"山脉之州"，盛产煤矿。

多亏了她的老师特娜，凯瑟琳在接触到几何后对数字的热爱变得更加强烈。

几何：

数学基本的研究内容之一，主要研究物体的形状、线、角。正是借助几何学知识，凯瑟琳才得以将宇航员完好无损地送入太空并让他们安全返回地球。

数学情缘

高中毕业后，凯瑟琳成功考上西弗吉尼亚州立大学。

在凯瑟琳成长的年代，

种族隔离仍然普遍存在。

小贴士

种族隔离是强制将白人同非洲裔美国人分隔空间的行为，规定非洲裔美国人不得使用白人的餐饮区、卫生间、办公室等。那时，中小学、大学，甚至公交车都实行种族隔离。

同白人孩子就读的学校相比，非洲裔美国人孩子的学校教学条件很差，教室、书籍、设备都破旧不堪。非洲裔美国人只能找到工资低的工作，甚至乘坐公交车时，非洲裔美国人都只能坐在车后排为数不多的几个位置。

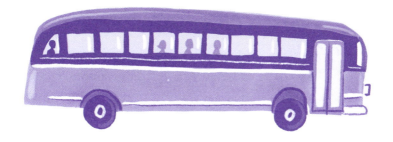

在西弗吉尼亚州立大学就读期间，凯瑟琳需要选择所学专业（指主修哪些课程）。英语、法语和数学是凯瑟琳最喜欢的三个学科，但是最后她选择了主修数学和法语。

你知道吗？

西弗吉尼亚州立大学以前叫西弗吉尼亚有色人种学院，那时非洲裔美国人不能与白人上同一所大学或学院。

凯瑟琳对教授对她开玩笑的话记忆犹新：

"今年我还会教数学的，

如果你敢不来上我的课，

我就去把你抓回来！"

凯瑟琳知道她必须对自己钟爱的数学不离不弃，但她也喜欢法语，不想只学了一点皮毛就放弃。

　　威廉·克莱托教授也教过凯瑟琳。威廉·克莱托教授是美国第三位获得数学博士学位的非洲裔美国人。

小贴士

　　如果你想专攻一门学科，你需要攻读博士这样极具挑战性的高等学位。读博期间，需要完成学术论文和相关课题的研究工作。

克莱托教授告诉凯瑟琳，如果她勤奋努力、自信不疑，她一定能成为一名伟大的数学家。他不遗余力地帮助凯瑟琳。凡是克莱托教授的课，凯瑟琳必去。后来，克莱托教授还为凯瑟琳开了小灶，专门为她开了一门新课程，研究太空几何，这样她就可以学习到更多的知识。克莱托教授了解到凯瑟琳打小就喜欢仰望星空，他想竭尽全力帮她把潜力发挥到极致。

"克莱托教授让我相信，

通过自己的不懈努力，

我能够成为一名数学家。"

每天早上，克莱托教授走进教室，从兜里拿出粉笔，朝着黑板走去，接着昨天上课的内容继续讲，完全是无缝衔接，就好像他从未下课一样。凯瑟琳完全能跟上节奏，但她注意到班上有同学听不懂克莱托教授所讲的内容，而这些同学又没有自信，不敢向老师提问，所以凯瑟琳就替他们问问题。克莱托教授知道凯瑟琳聪明伶俐，确信她知道这些问题的答案，不知道为什么她还要提如此简单的问题。后来，凯瑟琳告诉克莱托教授，她提问是为了帮助班里的其他同学。

　　凯瑟琳热爱自己的专业，也热心帮助他人，帮助同学理解数学并享受数学带来的乐趣，这显现出她有成为导师的潜力。后来，她一直在当导师，指导年轻人。

1937 年，**凯瑟琳**从西弗吉尼亚州立大学毕业，获得"最高荣誉"奖。那时，没有几个非洲裔美国人能获得高中文凭，更不要说获得大学学位了。

小贴士

"最高荣誉"奖是一种用来奖励班上最优秀的学生的奖项。

　　毕业后，**凯瑟琳**很快就去了位于弗吉尼
亚州马里昂县的一所非洲裔美国人学校教书。

毕业后的生活

那是 1937 年的一天，凯瑟琳乘坐大巴从西弗吉尼亚州去弗吉尼亚州，汽车在越过两州的边界后突然停了下来。司机命令所有非洲裔美国人坐到车后排的位置，凯瑟琳拒不从令。后来司机礼貌请求后，凯瑟琳才挪了位置。

凯瑟琳的这个小小的反抗行为描绘了一幅女性反抗种族歧视，争取同白人享有平等权利和自由的画卷。凯瑟琳还会一次次用实际行动证明这一点，因为默默忍受种族歧视、忍气吞声从来都不是她的风格。

你知道吗？

在凯瑟琳拒绝挪位置以示反抗种族隔离将近二十年后，来自亚拉巴马州蒙哥马利市的罗莎·帕克斯几乎做了同样的事。1955 年，罗莎·帕克斯发起了一场抵制公交车的运动。1956 年，美国最高法院裁定，在公共交通工具上实施种族隔离不合法。

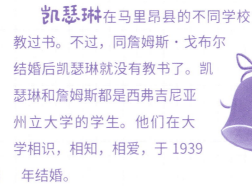

凯瑟琳在马里昂县的不同学校教过书。不过，同詹姆斯·戈布尔结婚后凯瑟琳就没有教书了。凯瑟琳和詹姆斯都是西弗吉尼亚州立大学的学生。他们在大学相识，相知，相爱，于1939年结婚。

一年后，机会来了，西弗吉尼亚州立大学邀请凯瑟琳回校继续攻读数学研究生学位。想到能够重返校园继续深造，凯瑟琳激动不已。

你知道吗？

1938年，美国最高法院裁定，美国所有的州必须向非洲裔美国人提供同白人同等的教育机会。各州可以建立新学校，也可以让非洲裔美国人就读之前只允许白人就读的学校。

虽然凯瑟琳抓住机会，重返西弗吉尼亚州立大学深造，但后来她丈夫詹姆斯生病了，她不得不退学。此时，他们已育有三个女儿，所以凯瑟琳不得不重新回到教学岗位，继续教书，养家糊口。很快，她再次适应了教学生活。

你知道吗？

凯瑟琳的三个女儿——康斯坦丝、乔丽特和凯瑟琳——女承母业，都成了教师。

几年后，同亲戚们偶然的一次聊天，彻底改变了凯瑟琳的人生，这是她从未想到过的。

梦想成真

有一天，凯瑟琳在一个家庭聚会上听说美国国家航空航天局（当时的名字还叫美国国家航空咨询委员会）要招聘女性去位于弗吉尼亚州汉普顿市的兰利研究中心工作。他们要招聘像凯瑟琳这样的女性数学奇才去解决复杂的数学难题，旨在帮助航空器在空中正常航行。

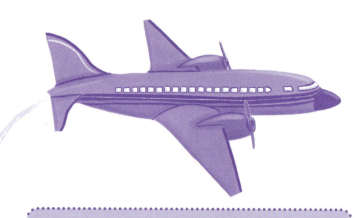

航空学是什么?

　　航空学是一门研究、设计、制造能在空中飞行的航空器的学科。航空器能在天空飞行是因为它们有喷气发动机给它们提供足够的动力,让它们能在空中停留。航空器有一双像鸟儿的翅膀一样的机翼,这让它们在空中能保持平衡。

　　凯瑟琳应聘了这份工作——她认为她必须这么做!这份工作的工资比当老师要高很多,更重要的是这是能帮她实现梦想的宝贵机会。一旦应聘成功,她就能更加深入地探索和研究宇宙星辰了,这是她从小就心驰神往的。

　　凯瑟琳的妈妈曾警告她,在这样一个高标准且绝大多数员工是白人的地方工作意味着会遇到各种各样的困难。不过,这并没有让应聘成功的凯瑟琳望而却步。她回应妈妈:

"不怕，我要大声地

告诉他们，

我——凯瑟琳——来了！"

从"穿裙子的计算机"到创造奇迹

兰利研究中心

1953 年的夏天，**凯瑟琳**来到兰利研究中心工作。在这里，种族隔离依然可见。她被分到隔离起来的西部计算机部门。这个部门的同事都是非洲裔女性，包括**玛丽·杰克逊**以及她们的主任**多萝西·沃恩**。这里的女性员工被称为"穿裙子的计算机"。

　　多萝西·沃恩是凯瑟琳在兰利研究中心工作时的主任，是兰利研究中心的第一位管理一个团队的非洲裔女负责人。

　　玛丽·杰克逊是美国国家航空航天局的首位非洲裔女性工程师。她还负责管理"联邦女性项目"（美国国家航空航天局平等机会项目办公室下设的一个项目）以及"平权法案项目"。她的工作就是要确保像她一样的非洲裔女性能获得进入美国国家航空航天局工作并得到提拔的平等权利。

在 **兰利研究中心**，非洲裔女性员工需同白人员工分开，在隔离办公室工作，并且不得使用白人的卫生间，而是去另一栋建筑里的有色人种专用卫生间。

凯瑟琳和同事们都是数学家，但是由于当时对有色人种的歧视，这里的其他员工都不称她们为数学家，而是称她们为"穿裙子的计算机"。凯瑟琳对此不屑一顾。她心里明白自己到兰利研究中心是来工作的，是要干出一番事业的。

"我的爸爸给了

我很多真知灼见。

他说：

'你不见得比别人优秀，

但你从来不比别人差。'"

迎难而上

凯瑟琳在兰利研究中心工作了仅两周，她的主任多萝西就破格提拔了她。接下来的四年，凯瑟琳专门研究和分析航空器的飞行。

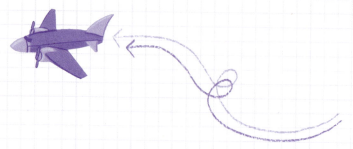

一次，一架小型螺旋桨飞机在毫无预警的情况下坠毁了。**凯瑟琳**为了找到坠机原因，研究了飞机的黑匣子。黑匣子是记录飞机飞行信息的设备，如记录飞机的飞行路线、驾驶舱里发出的声音等。最后，凯瑟琳果真在黑匣子中发现了坠机原因。

你知道吗？

黑匣子实际上并不是黑色的，而是橘红色或黄色的，这样才能让它显得更为显眼，以便人们能很快找到它。

飞行记录仪
严禁打开

这些特殊的金属箱子就像装满线索的宝箱，帮助凯瑟琳解决了她工作中的许多难题。例如，她发现如果一架大型飞机从一架小型飞机旁飞过，大飞机的飞行路径在后面的一个小时内都会干扰这架小型飞机周围的气流，这就是导致那架小型螺旋桨飞机坠毁的原因。

凯瑟琳的成功不仅是源自她超凡的数学天赋，还离不开她坚持不懈、勤学好问的优秀品质。面对任何事物她都要一探究竟——"是什么""为什么""怎么样"。她勇于质疑，不甘屈服，她甚至会问为什么只有男人才能参加重要会议。考虑到她所做的重要工作，她认为她也应该参加那些重要会议。

她质疑道："有哪条法律规定我不能参加重要会议吗？"这个问题问得男性白人员工们哑口无言，所以后来他们允许凯瑟琳也参加会议。这再次证明凯瑟琳能排除万难，绝不让任何困难阻碍自己的工作。

　　凯瑟琳在兰利研究中心工作三年后，她的丈夫詹姆斯死于脑瘤。她是一位坚忍不拔的女性，尽管她沉浸在悲痛中，但还是一如既往兢兢业业地工作，竭尽全力为女儿们创造更加美好的生活。

重大突破

$1$955 年对凯瑟琳以及全世界的人而言都是不寻常的一年。但当时她并不知道这一年将彻底改变她的人生。

1955 年 7 月 29 日，美国向全世界宣布，美国将发射**人造卫星**进入太空，绕地球飞行。这可是个惊天动地的新闻！

小贴士

人造卫星是人类制造的环绕地球运行的无人航空器。人造卫星将有关太空的信息发回地球，帮助我们了解行星、恒星以及更多未知的世界。

想象一下，金属卫星环绕我们的地球运行，这是多么激动人心的事情呀！或许有一天，人类能够从太空中回望我们的地球。

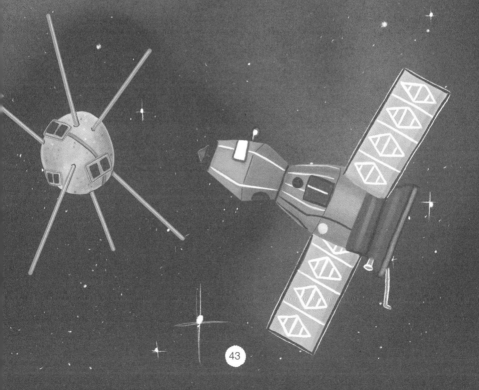

仅仅四天后，苏联也宣布，将在不久后向太空发射卫星。美国和苏联的关系剑拔弩张，这意味着所谓的"太空竞赛"即将开始。两年后，美国和苏联的太空竞赛正式拉开帷幕。

　　1957 年 10 月 4 日，苏联发射了世界上第一颗围绕地球运行的人造卫星 Sputnik1。

你知道吗？

　　俄语词 Sputnik 的意思是"旅行者"。苏联发射的这颗人造卫星总共绕地球飞行了 1440 圈。

这颗人造卫星绕地球运行了三个星期，直到电池耗尽；不过它又继续飞行了两个月，最后坠入地球大气层。坠落过程中，这颗人造卫星燃起了熊熊烈火，像一个火球一样坠落在发射点附近。

小贴士

地球的大气层像一张大大的、厚厚的毯子，通过吸收太阳热量，为我们的地球保暖。

接下来，苏联的目标是将人类送上太空。第一个成功进入太空的苏联人名叫**尤里 · 加加林**。在他开始执行这项千载难逢的重大任务之前，他接受了多年的专业训练。与此同时，美国人则闷闷不乐，因为苏联抢先成功发射了第一颗人造卫星。美国人不甘心，一直试图证明他们比苏联更强、更好。不过，美国要迎头赶上就要抓紧时间了。当美国的政府官员们为此争吵不休，专家们绞尽脑汁思考下一步赶超苏联的计划时，凯瑟琳却在夜以继日地研究将人类成功送上太空并安全返回地球的各种数学难题。

在苏联成功发射第一颗人造卫星后不久，**凯瑟琳**公开发表了一篇重要文章，明确指出美国已准备好尝试太空旅行。为了在太空竞赛中获胜，1958 年 7 月 29 日，美国国家航空咨询委员会更名为美国国家航空航天局。现在的美国国家航空航天局成为美国政府的一个机构，专门研究太空，负责将人类送上地球轨道以及更远的地方。

小贴士

轨道：一个物体环绕另一个物体运行的路径，比如地球围绕太阳运行的路径。

美国国家航空航天局成立一年后，**凯瑟琳**同第二任丈夫——詹姆斯·约翰逊上校结婚。**詹姆斯·约翰逊**非常欣赏她，爱她，将凯瑟琳视为非同寻常的女人。

你知道吗?

　　自 1958 年美国国家航空航天局成立以来,有多位宇航员乘坐飞船绕地球轨道飞行,还有飞得更远的,直接飞到了月球。不过,美国国家航空航天局的太空计划并未就此止步。

　　探索浩瀚无垠的太空,值得人们翘首以待!美国国家航空航天局已成功完成多项太空任务,并参与建立了国际空间站,期待宇航员能再次登上月球。

　　美国国家航空航天局还有前往火星的计划,凯瑟琳参与了这些计划早期的计算工作。对于一项太空计划而言,从起初产生想法到最终实现,这需要很多很多年的准备。

太空竞赛

将人类送上太空是一项艰巨的任务，那么，美国国家航空航天局该从哪儿做起呢？首先，他们精心挑选了一批**宇航员**，这些宇航员将成为第一批进入太空的美国人。

小贴士

宇航员指通过特殊训练能够到达地球大气层之外的人。他们必须穿上特制宇航服，戴上头盔，经过各种各样的测试与训练，确保为太空旅行做好万全的准备。

太空旅行需要做哪些准备？

不只恐高会断送航天梦，还有许多其他因素会让航天梦破灭。"水星七杰"必须通过无数生理和心理测试，才有资格驾驶喷气式航空器。同时，由于早期的人造卫星空间狭小，留给宇航员的空间就更小了，所以"水星七杰"成员的身高不能超过1.8米，体重不得超过82千克。

"水星七杰"

美国国家航空航天局挑选第一批宇航员时面试、测试了508人，最后，仅挑选了七人。这七人组成了"水星七杰"，他们分别是：斯科特·卡彭特、戈登·库珀、约翰·格伦、格斯·格里索姆、瓦尔特·施艾拉、艾伦·谢泼德、迪克·斯雷顿。他们成功完成了各项航天任务，这离不开凯瑟琳在背后默默无闻地攻克各种与航天任务有关的数学难题。

你知道吗？

为什么这个七人的组合被命名为"水星"？因为将他们成功送上太空的航天项目名叫"水星"计划，这是"阿波罗"计划的先驱。

尤里·加加林

尽管美国在载人航天事业上埋头苦干，但是第一个成功进入太空的却是苏联人。1961年4月，苏联人尤里·加加林乘坐"东方-3KA"号载人飞船绕**地球**飞行。

东方-3KA

艾伦·谢泼德

苏联的成功并不能阻止美国对太空探索的脚步。他们更加坚定要竭尽全力赶上苏联。1961 年 5 月，艾伦·谢泼德登上他自己命名的 "自由" 7 号载人飞船，随着运载火箭的点火，艾伦·谢泼德成为第一个进入太空的美国人。

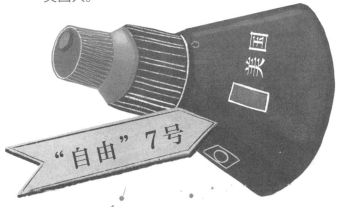

"自由" 7 号

"早期飞船的运行轨迹是一条抛物线，

科学家很容易预测飞船

在任何时候的位置。"

你知道吗？

火箭、人造卫星以
及其他航空器不能直
线飞行，只能沿发射
轨道或是呈抛物线
路径飞行！

抛物线

　　艾伦·谢泼德乘坐的宇宙飞船飞行的路径就是一条抛物线，它是一种像拱门的曲线。在宇宙飞船飞上太空的过程中，沿着这条抛物线，我们很容易确定艾伦的位置。

约翰 · 格伦

不久后，凯瑟琳认识了宇航员约翰·格伦。1962 年，约翰·格伦乘坐 **"友谊" 7 号**飞船进入太空。这时的凯瑟琳早已声名远扬，是公认的数学大师，所以约翰非常信任凯瑟琳。约翰在接受严苛训练的时候，凯瑟琳则一直在努力演算各种数据，以便成功将他送上太空并让他安全返回地球。

约翰·格伦即将成为第一个绕地球飞行的美国人，凯瑟琳也即将成为成功将第一个美国人送上太空的女性。他们二人都有非常**重要**的任务要完成。

　　1962 年，"友谊" 7 号飞船准备就绪，等待运载火箭点火，冲上地球轨道。

　　这是一项艰巨的任务，每位参与者都如坐针毡。美国国家航空航天局安排了许多不同**领域**的专家密切关注约翰·格伦的太空任务，确保他的安全。

在地球上，凯瑟琳主持大局；在太空中，约翰执行飞行任务。约翰和凯瑟琳二人都承受着巨大压力！不过约翰信任凯瑟琳，相信她那超凡的数学能力。在登上飞船之前，约翰说——

"请把凯瑟琳

女士找来，

请她核对相关数据，

她确认无误后，

我才出发。"

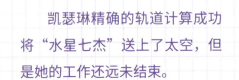

凯瑟琳精确的轨道计算成功
将"水星七杰"送上了太空，但
是她的工作还远未结束。

只有载人飞船运载火箭顶部的航空器才能进入太空，余下部分都是运载的燃料，一旦火箭达到一定高度这部分就会自行脱落。

人类首次登月

约翰·格伦圆满完成航天任务，这对美国而言无疑是一次伟大的胜利。这期间，美国同苏联的太空竞赛趋于白热化。美国探索太空的雄心壮志已不再满足于地球轨道，而是想要飞得更高更远。凯瑟琳现在潜心研究美国国家航空航天局的**"阿波罗"11号**——"阿波罗"计划中的第五次载人任务，即1969年人类首次登月任务。正是这次航天任务成就了她事业的巅峰。

"我计算出了送你们去月球的轨道。"

凯瑟琳一直潜心研究人类登月的相关数学问题。她的每一次突破都意味着人类离登月梦想的实现更近一步。终于，在 1969 年，时机到来了。

　　尼尔·阿姆斯特朗、巴兹·奥尔德林和迈克尔·柯林斯三位宇航员要执行"阿波罗"11 号任务，进入太空，登陆**月球**。

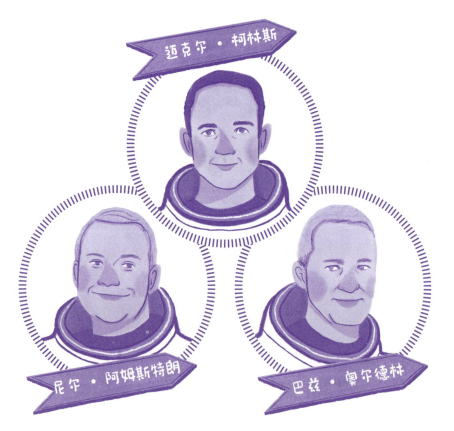

迈克尔·柯林斯

尼尔·阿姆斯特朗

巴兹·奥尔德林

三名宇航员由"土星"5号运载火箭运载升空。"土星"5号运载火箭于1969年7月16日在位于佛罗里达州的肯尼迪宇航中心发射升空。

美国当地时间10点左右，三名宇航员已经开始绕地球飞行了！大多数美国人此时正在吃早餐，而三名宇航员已在人类第一次前往**月球**的路上！

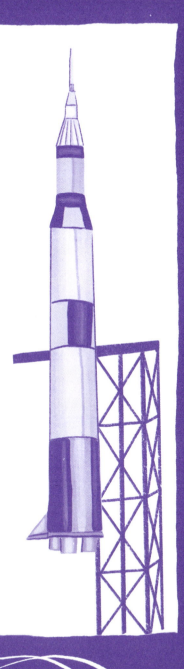

如何将火箭发射到月球?

物体自然落到地面上，地球和其他行星围绕着太阳转动……这些现象都与万有引力有关。火箭若要摆脱地球引力的束缚，就必须达到一定的发射速度，而火箭达到这个速度需要助推器的推力。

小贴士

推力是推动飞行器运动的力，飞行器通过巨大的推力来对抗重力。

就火箭发射而言，其助推力来自**燃料燃烧**。你能想象一下，"土星"5号运载火箭需要多少燃料燃烧产生的推力才能被送上月球吗？

火箭燃料燃烧的推力是巨大的。在那个全球瞩目的日子里，三位宇航员在飞船里耐心地等待火箭发射。美国国家航空航天局的工程师们驻扎在一座几百米高的大型塔楼里，开始倒计时。当他们启动点火程序时，无数火球从火箭尾部喷出。火箭腾空而起，发射升空！

小贴士

点火装置：一种让物体着火的装置。对于"土星"5号来说，要想脱离地球表面，必须要有很多点火装置同时启动。

"土星"5号直入天际。这段时间，三名宇航员待在"哥伦比亚"号指令舱专门为宇航员设计的生活区内。"哥伦比亚"号指令舱与"鹰"号登月舱相连。"鹰"号登月舱是最后真正在月球表面着陆的小型航空器。当飞船达到一定高度时，"鹰"号登月舱同"哥伦比亚"号指令舱都会与火箭分离，冲向月球。

月球行走

这次探月之旅总共花了四天时间。飞船在绕地球轨道飞行一圈半后，径直飞向了目的地——月球。三天后，三名宇航员乘坐飞船进入月球轨道。

1969 年 7 月 20 日美国时间下午 4 点 18 分，尼尔·阿姆斯特朗和巴兹·奥尔德林小心翼翼地爬进“鹰”号登月舱，准备登陆月球表面。经过几个小时的准备，阿姆斯特朗扶着登月舱的梯子下到月球表面，成为有史以来第一个登上月球的人。

　　尼尔·阿姆斯特朗在月球上插上了一面美国国旗，以示美国人首先登上月球，也作为他们团队取得成功的永恒标志。

迈克尔·柯林斯在做什么？

他有重要的任务要完成。他得驾驶"哥伦比亚"号指令舱飞到一个完美的位置，时刻准备同"鹰"号登月舱重新对接，接上阿姆斯特朗和奥尔德林一同返回地球。

全球有超过**五亿人**通过电视直播观看了这次登月实况。尼尔·阿姆斯特朗登上月球后说了一句著名的话：

"这是个人的一小步，

却是人类的一大步！"

当然，这也是**凯瑟琳**的巨大成功，因为是她计算出了本次登月任务的诸多复杂数据，让人类登月从梦想成为现实，是她的精确计算让宇航员们安全返家。

1969 年 7 月 21 日，在月球表面采集了岩石样本，拍了照片后，阿姆斯特朗和奥尔德林准备返航。同在地球发射一样，航空器也需要助推器的推力，只有达到一定速度，才能离开月球返回地球。

你知道吗？

月球引力只有地球引力的六分之一，所以登月团队的飞船从月球表面进入太空轨道就不需要从地球发射时那么大的推力了。

"阿波罗" 11 号之后的凯瑟琳

后来，美国的航天任务继续采用凯瑟琳计算的轨道线。她编写了相关教材，帮助学生了解外太空。她还绘制了恒星分布图，帮助宇航员导航并安全回家。1986年，在美国国家航空航天局工作33年后，凯瑟琳光荣退休了。

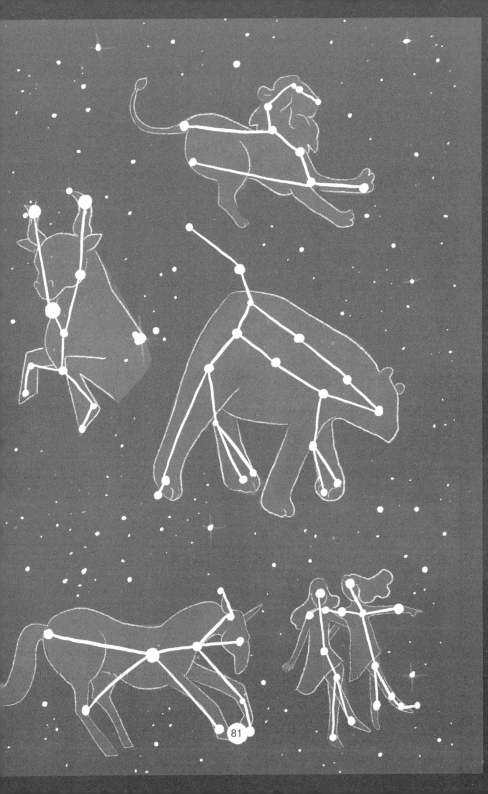

凯瑟琳在美国国家航空航天局工作期间的部分伟大成就

★为《太空技术笔记》提供相关数学计算公式。《太空技术笔记》是一份至关重要的文件，正是这份文件帮助美国推进了太空探索任务。

★成为美国国家航空航天局飞行研究部门第一位获得研究报告署名权的女性。以前，在美国国家航空航天局，女性即便参与了研究报告的撰写，也不能署上名字；后来，凯瑟琳排除万难，成为该部门第一位在研究报告上署名的女性。

★解决了许多与航天任务相关的数学难题，帮助第一批美国宇航员顺利进入太空，帮助尼尔·阿姆斯特朗和巴兹·奥尔德林顺利登上月球。

★凯瑟琳同他人合作撰写了 26 份研究报告。

凯瑟琳的一生并非一帆风顺。在美国种族歧视的年代，她不得不使用同白人隔离开的卫生间和交通工具，不能享有与白人同等的教育、工作机会；同数百万非洲裔美国女性一样，在成功之前，她需要克服重重障碍。凯瑟琳用实力战胜了一切，她成功了。

"我没有觉得自己低人一等，
从来没有。
我不见得比别人优秀，
但我从来不会比别人差。"

退休后的凯瑟琳

凯瑟琳一如既往地激励年轻人好好学习，鼓励他们在科学和技术领域取得非凡成就。她清楚这样的职业生涯有多令人振奋，她坚信一个人的执着能改变世界。

你知道吗？

凯瑟琳加入当地教堂唱诗班，一唱就是 50 年。

　　凯瑟琳为人类航空航天事业做出了卓越贡献。2017 年，美国国家航空航天局在兰利研究中心开放了以凯瑟琳的名字命名的凯瑟琳·约翰逊大楼。64 年前，凯瑟琳就是在这栋大楼开始了她的开创性研究的。

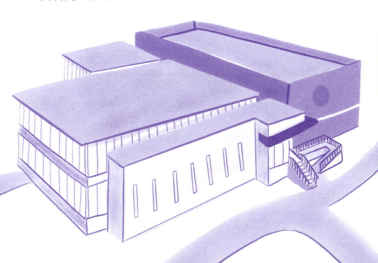

凯瑟琳·约翰逊大楼

凯瑟琳的勇敢向上和坚持不懈，为所有的非洲裔美国人树立了一个榜样，也为他们创造了一个更加平等和谐的环境。他们向凯瑟琳学习，认真学习和工作。2015 年，美国时任总统贝拉克·奥巴马授予凯瑟琳**总统自由勋章**，表彰她为美国航空航天事业做出的杰出贡献。

小贴士

总统自由勋章：1963 年首次由肯尼迪总统颁发，旨在表彰在科学、文化、体育、民权活动等领域做出杰出贡献的人。

这是美国公民所能得到的最高荣誉，凯瑟琳获此殊荣实至名归。

"在美国国家航空航天局
工作的 33 年里，
凯瑟琳成为打破种族隔离
和性别歧视的先驱，
向一代又一代的年轻人证明，
每个人都可能在数学和
科技领域干出一番事业，
摘下属于自己的梦想之星。"

——美国前总统贝拉克·奥巴马

虽然凯瑟琳从未期望获得任何名声或荣耀，但现在她得到了她应得的国际认可。人们知道了凯瑟琳，知道了尼尔·阿姆斯特朗和巴兹·奥尔德林。2016 年，美国作家**玛格特·李·谢特利**写了一本名为《隐藏人物》的书。该书讲述了非洲裔美国妇女凯瑟琳和她的数学家同事们（多萝西·沃恩、玛丽·杰克逊）与种族歧视作斗争，最终在美国航天计划中占有一席之地的故事。一年后，电影导演从书中获得灵感，拍摄了同名电影，将凯瑟琳的故事搬上荧幕。

你知道吗？

玛格特·李·谢特利的父亲曾在美国国家航空航天局工作。她就是从父亲那里了解到凯瑟琳以及像凯瑟琳这样的杰出女性的故事的。她想让全世界的人都了解这些女性的非凡事迹。

"她们这些杰出的女性

立志用手中的笔、

计算尺、机械计算机

以及她们的聪明才智

创造一个美好的世界。

而我们现在，

就生活在她们曾努力创造的

美好世界里。"

——玛格特·李·谢特利

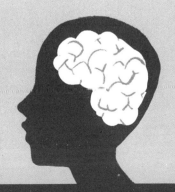

虽然全世界的人都崇拜、敬仰她，但是凯瑟琳和往常一样不骄不躁。在她看来，她只是在做自己的本职工作而已。

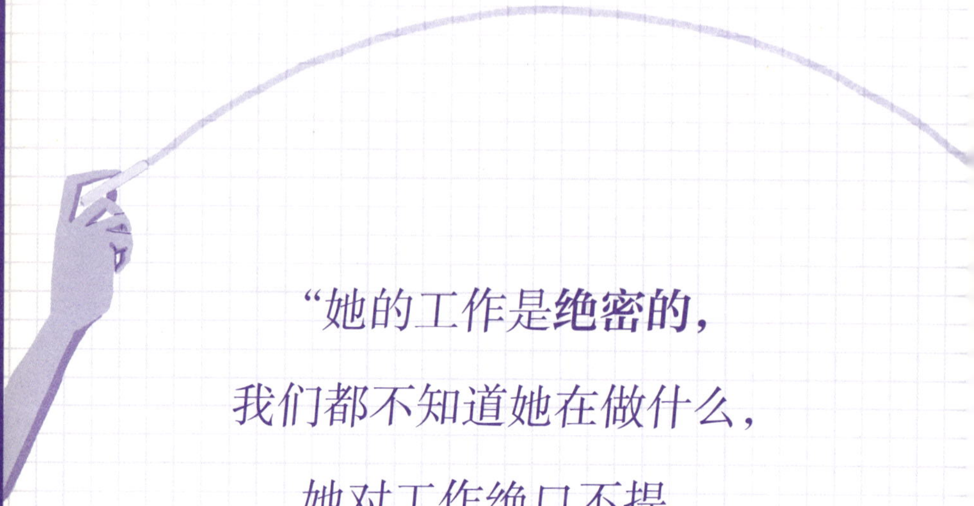

"她的工作是**绝密的**，

我们都不知道她在做什么，

她对工作绝口不提。

她是一个非常谦虚谨慎的人。"

——劳丽（凯瑟琳的孙女）

凯瑟琳有 6 个孙子孙女，11 个曾孙。

凯瑟琳在美国弗吉尼亚州的汉普顿市过着平静的生活，度过了她的晚年。在她漫长的一生中，她从未停止学习，并将这种好学的精神传给了子孙后代。

凯瑟琳与命运抗争，成功打开那一扇扇曾向她紧闭的大门。她清楚地知道自己能为人类做出贡献，并为此奉献一生。这个喜欢数学的非洲裔女性从不让任何人、任何事阻碍她探索发现新事物，创造奇迹。

凯瑟琳名扬四海，她的故事广为流传。她对世人的影响不仅在于她对科学做出的巨大贡献，还有她身上闪耀的各种优秀的品质。凯瑟琳传奇的人生告诉我们，只要我们为自己所热爱的事业努力奋斗，就能成功摘下属于自己的梦想之星。

时间线

1918 年

1918 年 8 月 26 日，凯瑟琳出生了。这一天是美国的"妇女平等日"。

1928 年

凯瑟琳一家搬到西弗吉尼亚州的学院镇。

1933 年

凯瑟琳被西弗吉尼亚州立大学录取。

1938 年

美国最高法院裁定，美国各州必须为非洲裔美国人提供与白人同等的教育机会。

1937 年

凯瑟琳获得数学和法语双学位，以"最高荣誉"奖获得者的身份从西弗吉尼亚州立大学毕业。毕业后，她到弗吉尼亚州的一所非洲裔美国人学校教书。

1939 年

凯瑟琳同詹姆斯·戈布尔结婚。

1940 年

凯瑟琳在西弗吉尼亚州立大学攻读数学专业的研究生课程，但很快因为丈夫生病而退学，重返教学岗位，养家糊口。

1953 年

凯瑟琳开始在美国国家航空咨询委员会（NACA）下设的兰利研究中心工作。

兰利研究中心

1956 年

凯瑟琳的丈夫
詹姆斯·戈布
尔死于脑瘤。

1955 年

1955 年 7 月 29 日，美国和苏联
宣布将把人类送上太空，自此美
苏太空竞赛拉开帷幕。

1957 年

1957 年 10 月，苏联成功发射了世界上第一颗围绕地球运行的人造卫星 Sputnik。

1958 年

1958 年 7 月 29 日，美国国家航空咨询委员会更名为美国国家航空航天局（NASA）。

1959 年

凯瑟琳同詹姆斯·约翰逊上校结婚。

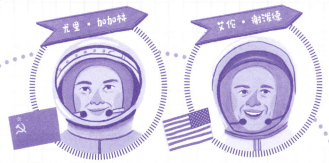

1961 年

1961 年 4 月, 苏联人尤里·加加林成为第一个进入太空并绕地球飞行的人。一个月后, 凯瑟琳的相关计算帮助艾伦·谢泼德成为第一个进入太空的美国人。

1969 年

1969 年 7 月 20 日, 尼尔·阿姆斯特朗、巴兹·奥尔德林、迈克尔·柯林斯成功完成登月任务。

迈克尔·柯林斯

尼尔·阿姆斯特朗

巴兹·奥尔德林

1986 年
在美国国家航空航天局
工作 33 年后，凯瑟琳
光荣退休。

2015 年
美国前总统贝拉克·奥巴马授
予凯瑟琳总统自由勋章。

2016 年

美国作家玛格特·李·谢特利将凯瑟琳及她的非洲裔美国同事的事迹写成一本书，名为《隐藏人物》。

2017 年

2017 年 9 月 22 日，美国国家航空航天局开放了兰利研究中心一栋以凯瑟琳命名的大楼——凯瑟琳·约翰逊大楼。

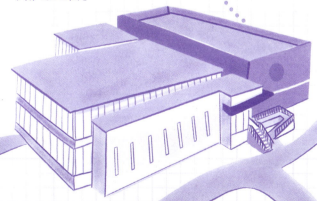

凯瑟琳·约翰逊大楼

开动脑筋

　　威廉·克莱托教授曾帮助凯瑟琳最大限度发挥她的潜力。你会如何描述你最喜爱的老师？他们的特别之处在哪里？你会用哪些形容词来描述他们的品质？

　　初到美国国家航空咨询委员会工作时，凯瑟琳被称为"穿裙子的计算机"。你认为，这样称呼承担重要工作的女性公平吗？如果有人叫你"计算机"，你会怎么想？

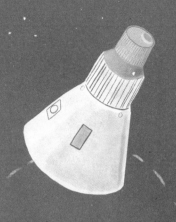

想看看抛物线是什么样子的吗？

这是航空器进入轨道运行时的曲线路径。

我们在日常生活中随处可见抛物线，如弹跳的球、喷涌的泉水、吊桥等，你是否发现它们有共同的特点呢？

索引

引用来源

文中引语来自：

第 7、65、83 页：《凯瑟琳·约翰逊为美国国家航空航天局做了最重要的数学计算》（M. 明克，investors.com，2016 年 12 月 29 日）

第 11 页：WHROTV 对凯瑟琳的采访（2011 年 2 月 25 日）

第 13 页：《凯瑟琳·约翰逊：爱数数的女孩》（美国国家航空航天局，2015 年）

第 15 页：《帮助美国实现航天梦的隐藏天才的传奇人生》（M. 巴特尔斯，www.businessinsider.com，2016 年 8 月 22 日）

第 20、23 页：《凯瑟琳·约翰逊：在科学、技术、工程、数学领域的一生》（美国国家航空航天局，2013 年）

第 33 页：《来自美国国家航空航天局的凯瑟琳·约翰逊的生平简介》（玛格特·李·谢特利）

第 37 页：《美国国家航空航天局的先驱凯瑟琳·约翰逊问答》（S. 林德赛，美国退休人员协会，2018 年 3 月）

第 56 页：工作中的数学家凯瑟琳·约翰逊（S. 洛夫，美国国家航空航天局，2016 年 2 月 25 日）

第 61 页：《三位非洲裔美国女性如何帮助约翰·格伦进入太空轨道》（E. 赫尔默，《卫报》，2016 年 12 月 11 日）

第 87 页：《向美国国家航空航天局的凯瑟琳·约翰逊致敬，科学、技术、工程、数学领域的先驱》（K. 福特，奥巴马政府，2015 年 11 月 30 日）

第 89 页：《兰利研究中心的凯瑟琳·约翰逊大楼开放》（E. 吉拉德，美国国家航空航天局，2017 年 9 月 23 日）

第 90 页．《凯瑟琳·约翰逊的孙女滔滔不绝讲述观众不曾看到的隐藏人物》（塔妮娅·克里斯蒂安，《本质》，2017 年 5 月 18 日）

图书在版编目（CIP）数据

凯瑟琳·约翰逊：开拓太空边界 /（英）戴维卡·吉娜著；（美）马吉·科尔绘；苏艳飞译.—成都：天地出版社，2021.7
（非凡成长系列）
ISBN 978-7-5455-6352-8

Ⅰ.①凯… Ⅱ.①戴…②马…③苏… Ⅲ.①约翰逊(Johnson, Katherine 1918-2020)-生平事迹-青少年读物 Ⅳ.①K837.126.1-49

中国版本图书馆CIP数据核字(2021)第071376号

著作权登记号　图进字：21-2021-190

KAISELIN · YUEHANXUN: KAITUO TAIKONG BIANJIE

凯瑟琳·约翰逊：开拓太空边界

出 品 人	杨　政	策划编辑	李婷婷	
总 策 划	陈　德　戴迪玲	责任编辑	奉学勤	
著　　者	[英]戴维卡·吉娜	营销编辑	李倩雯　吴　咚	
绘　　者	[美]马吉·科尔	美术设计	谭启平	
译　　者	苏艳飞	责任印制	刘　元　葛红梅	

出版发行　天地出版社
　　　　　（成都市槐树街2号　邮政编码：610014）
　　　　　（北京市方庄芳群园3区3号　邮政编码：100078）
网　　址　http://www.tiandiph.com
电子邮箱　tianditg@163.com
经　　销　新华文轩出版传媒股份有限公司

印　　刷　北京文昌阁彩色印刷有限责任公司
版　　次　2021年9月第1版
印　　次　2021年9月第1次印刷
开　　本　880mm×1230mm 1/32
印　　张　3.5
字　　数　80千字
定　　价　28.00元
书　　号　ISBN 978-7-5455-6352-8

版权所有◆违者必究
咨询电话：(028) 87734639（总编室）
购书热线：(010) 67693207（营销中心）

如有印装错误，请与本社联系调换。